BARZELLETTE E INDOVINELLI PER BAMBINI

Una raccolta di 300 Barzellette, Colmi e Indovinelli Intelligenti per Stimolare la Mente e la Fantasia

Margherita Pizza

Copyrights 2020
Margherita Pizza

Copyright © 2020 di Margherita Pizza

TUTTI I DIRITTI RISERVATI

Questo documento è orientato a fornire informazioni esatte e affidabili in merito all'argomento e alla questione trattati. La pubblicazione viene venduta con l'idea che l'editore non è tenuto a fornire servizi di contabilità, ufficialmente autorizzati o altrimenti qualificati. Se è necessaria una consulenza, legale o professionale, dovrebbe essere ordinato un individuo praticato nella professione.

Non è in alcun modo legale riprodurre, duplicare o trasmettere qualsiasi parte di questo documento in formato elettronico o cartaceo. La registrazione di questa pubblicazione è severamente vietata e non è consentita la memorizzazione di questo documento se non con l'autorizzazione scritta dell'editore. Tutti i diritti riservati.

Le informazioni fornite nel presente documento sono dichiarate veritiere e coerenti, in quanto qualsiasi responsabilità, in termini di disattenzione o altro, da qualsiasi uso o abuso di qualsiasi poli-tica, processo o direzione contenuta all'interno è responsabilità solitaria e assoluta del lettore destinatario. In nessun caso qual-siasi responsabilità legale o colpa verrà presa nei confronti dell'editore per qualsiasi riparazione, danno o perdita monetaria dovuta alle informazioni qui contenute, direttamente o indirettamente.

Le informazioni qui contenute sono fornite esclusivamente a scopo informativo e sono universali. La presentazione delle informazioni è senza contratto né alcun tipo di garanzia. I marchi utilizzati all'interno di questo libro sono meramente a scopo di chiarimento e sono di proprietà dei proprietari stessi, non affiliati al presente documento.

INDICE

1. Barzellette sulla scuola

2. Barzellette sui carabinieri

3. Barzellette miste

4. Colmi

5. Indovinelli

6. Soluzioni degli Indovinelli

BARZELLETTE SULLA SCUOLA

La maestra chiede a Mario: "Il tema sul tuo gatto è identico a quello di tuo fratello, l'hai copiato?"

E Mario risponde: "No maestra, è che abbiamo lo stesso gatto!"

Mario è interrogato dalla maestra: "Mario, ascoltami bene: io studio, tu studi, egli studia, noi studiamo, voi studiate, essi studiano. Che tempo è?

E Mario risponde: "signora maestra, è tempo sprecato!"

La mamma dice a Mario: "Se prendi un bel voto a scuola ti do dieci euro". Il giorno dopo Mario va dalla mamma e dice: "Mamma, ho una notizia buona". La mamma chiede: "Hai preso un bel voto a scuola?"

E Mario risponde: "No, ma hai risparmiato dieci euro".

Mario chiede alla maestra: "Maestra, mi può punire per qualcosa che non ho fatto?". E la maestra: "Assolutamente no Mario!Ma perché me lo chiedi?".

E Mario risponde: "Perché oggi non ho fatto i compiti!".

Un millepiedi chiede ad un altro millepiedi: "Come va tuo figlio a scuola?".

E l'altro risponde: "Non molto bene, mi sembra che la prenda un po' sottogamba, sottogamba, sottogamba...".

Mario chiede alla maestra: "Maestra, gli squali mangiano il tonno?" La maestra risponde: "Certo, Mario".

E Mario dice: "Ma allora come riescono ad aprire la scatoletta?"

La maestra chiede a Mario: "Dimmi il nome di un animale". "Cane", risponde Mario. "Bravo, e ora dimmi il nome di un altro animale."

E Mario risponde: "Un altro cane!"

Lucia ritorna a casa dopo il primo giorno di scuola. La mamma le chiede: "Lucia, cosa hai imparato oggi?"

E Lucia risponde: "Non molto, vogliono che torni a scuola anche domani".

La maestra saluta i bambini il primo giorno di scuola e chiede loro: "Bambini, come vorreste che fosse la nostra scuola?".

E tutti i bambini rispondono: "Chiusa!"

Mario a scuola corre verso il maestro: "Maestro, Giovanni mi ha mandato al diavolo!" E il maestro: "E tu cosa hai fatto?"

E Mario risponde: "Sono venuto subito da lei maestro!"

La maestra interroga Mario: "Come si scrive un milione Mario?" "Con sei zeri signora maestra". "Bravo! E mezzo milione come si scrive?"

E Mario risponde: "Con tre zeri!"

$$\frac{1\,000\,000}{2} = 1\,000$$

Durante l'ora di religione il maestro chiede a Mario: "Mario, tu dici le preghiere prima di iniziare a mangiare?"

E Mario risponde: "No, perché la mia mamma è brava a cucinare!".

La maestra chiede a Mario: "Mario, sai dirmi quanto fa 2 + 2?".

E Giacomo le risponde subito: "Maestra, io lo so ma come mai lei non lo sa?".

La maestra chiede a Mario: "Mi sai dire quali mari hanno il nome di un colore?"

E Mario risponde: "Il Mar Nero, Il Mar Rosso e il Mar-rone!".

La maestra interroga Mario: "Mario, voglio farti una domanda di geografia. " E' più lungo il Po o il Mississippi?" E Mario risponde: "E' più lungo il Mississippi. " La maestra gli dice: Ma bravo! E di quanto?".

E Mario risponde: "di 9 lettere!".

La maestra assegna ai bambini i compiti per casa: descrivete una caratteristica dei treni. Il giorno dopo, li interroga e comincia da Alberto: " Alberto, quale caratteristica hai descritto?" E Alberto risponde: "Che il treno ha molti vagoni e corre sulle rotaie". E la maestra continua: "E tu, Gianni, cosa hai scritto?".

E Gianni risponde: " Che il treno fischia quando arriva in stazione" E la maestra continua: "E tu, Mario, cosa hai scritto?" E Mario risponde: "Che il treno è peloso". "Mario ti sbagli, un treno non può essere peloso, dice la maestra". E Mario risponde: "Lo è maestra perchè tutte le mattine il mio papà si alza tardi per andaer a lavoro e lo prende sempre per un pelo!"

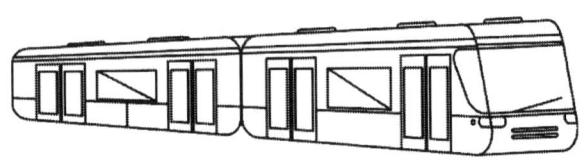

Mario chiede alla maestra: "Maestra, chi è il Dio del Mare?" "Nettuno, risponde la maestra".

E Mario risponde: "Non è POTTIBILE, dovrà pur ETTERE qualcuno!".

Un giorno Mario va dal suo papà e chiede: "Papà, mi compri una bicicletta?". Il suo papà gli chiede: "Tu conosci l'alfabeto?". E Mario risponde: "No!". Il giorno dopo Mario torna dal suo papà e chiede "Papà, mi compri una bicicletta?". Il suo papà gli chiede: "Tu conosci l'alfabeto?"

E Mario risponde: "No!". Il giorno dopo, Mario torna dal papà e chiede "Papà, mi compri una bicicletta?" Il suo papà gli chiede: "Tu conosci l'alfabeto?". E Mario risponde: Sì papà, certo: A B C cletta!".

La maestra interroga Mario: "Mario, dimmi una parola che contenga 2 "p".

E Mario risponde: "Bottiglia,!" La maestra lo guarda e gli chiede: Mario ma bottiglia non ha 2 P!" E Mario le risponde: "Ma il tappo le ha, signora maestra".

"Mario arriva in ritardo a scuola, la maestra lo sgrida: "Mario, ogni giorno arrivi a scuola in ritardo!"

Mario le risponde:" Maestra, è colpa del cartello che c' è in fondo alla strada, quello che dice Rallentare, Scuola Nelle Vicinanze.

Mario va dalla mamma e le dice: "Mamma ho 2 notizie: una notizia buona e una cattiva". Allora la mamma gli dice: "Inizia da quella buona". E Mario dice: "La buona è che ho preso dieci al compito di italiano". E la mamma, felice, gli risponde: "Sei stato molto bravo, Mario, ma la notizia cattiva qual è?".

E Mario le risponde: "La cattiva notizia è che non è vero".

Mario chiede alla mamma: "Mamma, quanto mi pagheresti se prendessi un bel 10 in matematica?". "Figlio mio, ti darei 10 euro".

E Mario le risponde: "Allora mamma, dammi pure tre euro perché ho preso 3!".

Mario chiede alla mamma: "Mamma, sei capace di scrivere il tuo nome ad occhi chiusi?". "Certo Mario!".

E Mario le risponde: "Allora potresti firmare la pagella?".

Mario torna da scuola molto contento. La sua mamma gli chiede:

- Ti è piaciuta la scuola oggi?
- Mamma, non confondere l'andata con il ritorno!

Il nonno chiede a Mario: -Mario, quanti anni hai? E Mario risponde : -10, perche??.-Ma non ne avevi 11?

E Mario risponde: Si, ma mi hanno bocciato quindi ho perso un anno!

La maestra interroga Mario e gli chiede: "Mario, hai fatto i compiti a casa?" E Mario risponde di si.

"Allora, dimmi, dove si trova Roma?" E Mario le risponde:
"A pagina 88"

Mario torna dalla scuola e dice alla mamma: Mamma, oggi sono stato l'unico in classe a rispondere alla domanda della maestra.
- Bravo Mario! E quale era la domanda?

E Mario le risponde: - "Chi ha rotto la finestra?"

La maestra chiede a Mario: "Mario, dimmi dei nomi di 5 animali che iniziano con la lettera E..."

E Mario le risponde: "ermellino..., er gatto, er cane, er topo..."

Mario chiede alla sua mamma: "Mamma, è vero che senza occhiali ci vedi il doppio?". E mamma gli dice di sì.

E Mario le risponde:
"Allora toglieteli, così puoi guardare la pagella!"

La maestra dice a Mario "Mario, non puoi dormire in classe!

E Mario le risponde: "Lo so, ma se lei parlasse un po' più piano potrei, signora maestra!"

Lezione di matematica. La maestra decide di interrogare Mario:
"Mario dimmi, hai 100 euro nella tasca destra e 50 in quella sinistra, che cos'hai in tutto???

E Mario: "I pantaloni di qualcun altro, signora maestra!!!"

La maestra da ai bambini un tema da svolgere a casa: "Che cosa vedo fuori dalla finestra".
Il giorno dopo Mario consegna un foglio in bianco e la maestra gli chiede: "Come mai non hai scritto niente?"

E Mario le risponde: "Perché la finestra era chiusa!"

Mario è a scuola e dice alla sua fidanzata: «Giulia, quando sono con te mi scordo tutto! La ragazza risponde: "Ma io mi chiamo Alessandra!"

E Mario dice: "Visto? Te l'avevo detto!"

Dopo il compito in classe, Mario chiede al compagno: "Come è andata?"."Male, ho consegnato il foglio in bianco!".

E Mario risponde:
"Anch'io, ora la maestra penserà che abbiamo copiato!".

Mario va a scuola e la maestra gli dice: "Mario, hai un calzino giallo e uno verde!"

E Mario le risponde: "Pensi che a casa ne ho un paio uguale a questi!!"

La maestra chiede a Mario: "Sai dirmi cos'è un burrone?"

E Mario risponde: «Certo signora maestra, è una crema di lattone!

Il maestro chiede a Mario: "Quale mammifero non ha i denti?"

E Mario risponde: "Mia nonna".

La maestra chiede a Mario "Mario, dove si trova Chicago?"

E Mario risponde: "nel water!"

La maestra chiede a Mario: Mario nella frase il dottore cura il paziente, dove sta il soggetto?"

E Mario risponde: "all'ospedale signora maestra!"

La maestra chiede a Mario: "Mario, perché hai scritto il tuo tema con una calligrafia così piccola?"

E Mario risponde: "Così vede meno gli errori."

La maestra chiede alla classe: "Chi sa dirmi, quanti occhi abbiamo? Mario ci pensa un pochino e risponde: "Quaranta!" Ma no Mario! Non è vero! Esclama la maestra.

Mario insiste: "Maestra in questa classe siamo venti e ognuno ha due occhi!"

La maestra di storia chiede a Mario: " Mario, dove vivevano gli antichi Galli?"

E Mario risponde: "Negli antichi pollai!"

La maestra dice alla classe: "Bambini fate un tema con una morale". Mario consegna dopo pochi minuti il compito e la maestra lo legge: "un cavaliere bianco incontra un cavaliere nero e lo uccide poi ne incontra 10 e li uccide poi 100, poi 1000 e li uccide sempre" e la maestra gli chiede: "e dove sta la morale?"

e Mario: "se incontri un cavaliere bianco non rompergli le scatole".

Il maestro chiede alla classe: "Chi mi saprebbe dire cos'è la frode?". E Mario dice: "Una frode è se lei mi mette 2!". Il maestro chiede il perché

E allora Mario risponde: "La frode è quando uno si approfitta dell'ignoranza altrui e lo si danneggia!"

BARZELLETTE SUI CARABINIERI

Cosa ci fa un carabiniere con un cucchiaio in mezzo a molte persone?

Si mescola tra la gente!

Cosa ci fa un carabiniere in macchina, con un cucchiaino in mano fuori dal finestrino?

Imbocca la Curva!

Un carabiniere entra in un ristorante e chiede il piatto del giorno. Il cameriere: "Abbiamo la lingua di vitello"

e il carabiniere: "No! Non mangerei mai una cosa che è stata in bocca ad un animale! Portatemi un uovo!"

Un carabiniere vede una macchina ferma al semaforo rosso e dice all'autista: "Lei è un guidatore bravo, quindi il Comune le regala 500 euro, cosa ne farà?".

" E il guidatore risponde: "Penso che prenderò la patente!"

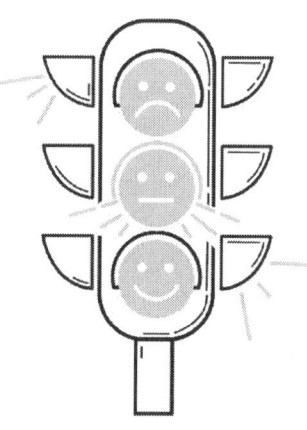

Due carabinieri vanno al cinema per vedere un film comico. Uno dice all'altro:

"Perché non ci sediamo all'ultima fila? Sai ride bene chi ride ultimo."

Un carabiniere vede un suo collega preoccupato e gli chiede: "Perché sei così preoccupato?".

E l'amico carabiniere risponde: "Domani ho l'esame del sangue e non ho studiato nulla!"

Cosa ci fanno due carabinieri dentro un armadio?

La squadra mobile!

Tre amici venditori stanno parlando tra di loro. Il primo dice: "Oggi ho venduto una radio ad un sordo". Il secondo dice: " Io ho venduto un televisore ad un cieco". Il terzo dice: "Io ho venduto un orologio a cucù ad un carabiniere." Gli altri due gli rispondono: "e quindi?"

E il terzo continua: "gli ho venduto pure il mangime."

Un carabiniere sta camminando e... bang! sbatte la testa contro il palo di un cartello.

Guarda in su e legge: "Continua".. e allora Bang! Bang! Bang...

Il maresciallo ordina al carabiniere: "Mario, accendi la luce!" Il carabiniere continua a premere l'interruttore e il maresciallo gli chiede: "Mario cosa stai facendo?"

E lui: "Maresciallo, c'è scritto 220 volt".

Perché i carabinieri arrivano sempre in ritardo?

Perché si chiamano carabin-ieri, non carabin-oggi!

Il capitano chiama il carabiniere Mario: "Mario vieni qua!" e gli porge due banconote da 5 euro dicendo: "Mario, con questa banconota mi devi comprare le gomme e con quest'altra mi devi comprare il giornale!". Passano alcune ore e il carabiniere torna molto dispiaciuto e dice al capitano:

"Capitano mi deve scusare, ma non ricordo quale era la banconota per il giornale e quale quella per le gomme!"

Un tizio sta raccontando delle barzellette in un bar: "Adesso ve ne racconto una sui carabinieri". Dal fondo della sala: "Guardi che io sono un carabiniere".

"D'accordo, allora a lei la spiego dopo!".

Un carabiniere chiede al suo collega: "Che ore sono?"

E il collega risponde: "Sono le 15 e 30 minuti e 15 secondi, 16 secondi, 17 secondi..."

Sapete quante sono le barzellette sui carabinieri?

Due o tre, tutte le altre sono storie vere.

Il maresciallo assegna un lavoro a due carabinieri: comprare ogni giorno il giornale. Dopo 2 giorni, uno dei due carabinieri dice all'altro: - Ehi ho un'idea per non faticar: oggi compriamo 7 giornali e gliene diamo uno al giorno. L'altro risponde: "Buona idea!". La domenica successiva il maresciallo li chiama e gli dice:

"Sapete che c'è un signore che è andato a sbattere contro lo stesso palo per 7 giorni di seguito?"

Ci sono due carabinieri di fronte a uno specchio. Uno dice all'altro: "Guarda! Due colleghi, andiamo a salutarli".

E l'altro: "Aspetta! Stanno venendo loro".

Un carabiniere entra in un negozio e dice alla commessa: "Buongiorno, vorrei acquistare una camicia". La commessa risponde: "La taglia?".

E il carabiniere risponde: "No, no, la indosso intera!".

Un carabiniere dice ad un amico: "Per fortuna non sono un tedesco!" Il suo amico chiede: "perchè?" e lui:

"perchè non so parlare quella lingua!"

Due carabinieri inseguono un ladro di notte in un cantiere. A un certo punto uno dice all'altro:

"Attenzione al cemento!". "Perché?". "È armato!".

Il capitano ordina ad un carabiniere di andarlo a prendere con la Gazzella. Lui, non sapendo cosa fosse una Gazzella, va allo zoo, ruba una gazzella, ci sale sopra e arriva in caserma pensando tra se:

"Ma invece di usare una gazzella non potevano mandarmi in macchina come tutti i carabinieri?".

Perché la carta igienica dei carabinieri è più lunga della nostra?

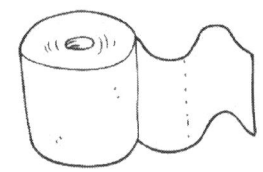

Perchè sulla prima parte ci sono scritte le istruzioni!

La Nasa ha deciso di far un esperimento e mandare sulla Luna una scimmia e un carabiniere. Entrambi devono solo seguire le istruzioni che riceveranno durante il viaggio. Partono per la Luna.
Arriva per la scimmia la prima istruzione: 'Attivare il motore n 1, chiudere portello 3, disattivare propulsori'... Arrivano altre 14 comunicazioni per la scimmia e neanche una per il carabiniere.
Finalmente dopo un po' arriva la prima istruzione anche per lui:

'Dare da mangiare alla scimmia e NON TOCCARE NIENTE!'

Un carabiniere dice ad un amico: "Franco la vuoi una birra?" Franco risponde: "sono astemio e lui:

"Astemio la vuoi una birra?"

Due carabinieri sono all'aeroporto e guardano gli aerei parcheggiati. Uno dice all'altro: "Quell' aereo andrà almeno a 300 km." L'altro carabiniere gli risponde: "Per me va almeno a 500 di km orari".

Il primo carabiniere risponde: "Seee mo' vola!".

Due carabinieri sono all'aeroporto e guardano gli aerei parcheggiati. Uno dice all'altro: "Quell' aereo andrà almeno a 300 km." L'altro carabiniere gli risponde: "Per me va almeno a 500 di km orari".

Il primo carabiniere risponde: "Seee mo' vola!".

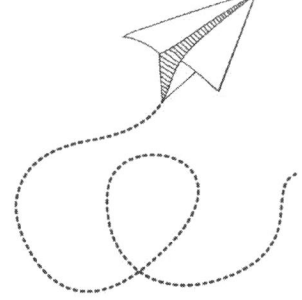

Un carabiniere entra in un negozio di orologi e dice: "Vorrei comprare questo orologio".
"Bella scelta! È anche impermeabile".

E il carabiniere risponde: "Ma io non voglio mica un capppotto!! Voglio un orologio."

Un carabiniere va dal capitano tutto felice e gli dice: "Capitano, devo darle una notizia importante, non è vero che noi carabinieri siamo stupidi.

Ecco le prove, ho terminato un puzzle in un solo mese e sulla confezione c'è scritto 3-4 anni".

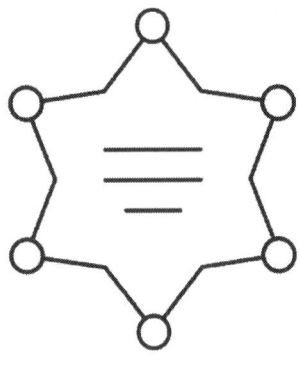

Il capitano dei carabinieri non trova più il computer del suo ufficio, e dopo poco tempo lo trova in una cella della prigione. Lo riporta in ufficio e il giorno dopo gli sparisce nuovamente e dopo di che lo ritrova di nuovo nella stessa cella. Il giorno successivo ancora vede un carabiniere che mentre sta spegnendo il computer lo prende e gli fa: "Perché sposti sempre il mio computer in quella cella?" e il carabiniere risponde:

"Perché quando lo spengo sullo schermo appare sempre la scritta il computer può ora essere arrestato".

Una mattina due carabinieri inseguono una macchina guidata da dei ladri a bordo della volante. Lo stesso pomeriggio un contadino che stava arando il campo tira fuori dal terreno l'auto dei carabinieri e gli chiede: "che cosa è successo?"

I carabinieri rispondono: "stavamo inseguendo qei ladri ma ci hanno seminato!!"

Mentre un carabiniere sta pitturando il soffitto della caserma, entra il capitano e vede che il carabiniere sta sporcando tutto il pavimento con la vernice. Allora gli dice: "Giovanni, metti dei fogli di giornale sul pavimento!".

Ma il carabiniere risponde: "Grazie capitano, ma ci arrivo lo stesso!".

Come friggono i pesci i carabinieri? Uno li acquista freschi al mercato, poi li appoggia sul tavolo della cucina, esce dalla stanza e bussa alla porta. I pesci chiedono: "Chi è?".

"Carabinieri. E i pesci: "Oh mamma, siamo fritti!".

Il maresciallo chiede al carabiniere:"Mi porti un bicchier d'acqua senza limone!" E il carabiniere risponde:

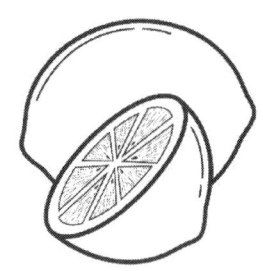

"Mi spiace maresciallo, ma il limone è finito, posso portarle un bicchier d'acqua senza ghiaccio!"

Un carabiniere sale sopra un albero. Un suo amico che lo vede, si avvicina e gli chiede: "E tu che ci fai sopra quell'albero?" Il carabiniere risponde: "Ho chiesto al capitano che tipo di alberi fossero questi,

e lui mi ha risposto: salici!".

Due carabinieri scendono dalla macchina, uno entra in un bar e l'altro aspetta fuori. Quando il carabiniere dal bar esce, vede che la macchina era scomparsa e chiede all'amico: "Ma dove è finita la macchina?"

e l'altro risponde: "ce l'hanno rubata, ma ho preso il numero di targa".

Un signora trova il marito impiccato e chiama i carabinieri. Il carabiniere chiede: "Signora, come è successo?"

e la signora: "Non lo so, è la prima volta che mi fa uno scherzo di questo tipo."

Un carabiniere va al cinema e legge:

"vietato ai minori di 18" allora esce e....torna con 17 amici.

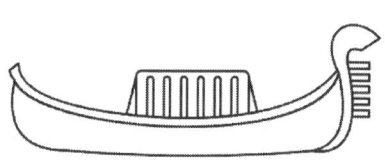

Perchè i carabinieri a Venezia hanno sempre l'orlo dei pantaloni bagnato??

Perchè quando buttano la sigaretta nel canale la spengono con il piede!

Un carabiniere dice ad un collega:- "Lo sai che mio figlio ha già imparato a dire il suo nome?"

L'altro dice: "Mia figlia Anna invece sai già dirlo al contrario!"

Un carabiniere vede un collega arrivare al lavoro con la faccia sanguinante e piena di lividi: "Filippo cosa è successo?"

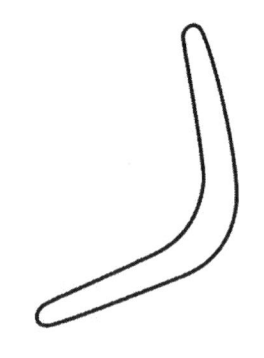

e l'amico: "Sono giorni che cerco di buttare via un boomerang!"

Ad un carabiniere hanno rubato tre volte la radio dalla macchina. Un giorno che deve lasciare a lavoro toglie la radio e mette un cartello che dice: la radio non ce l'ho..così non la potete rubare". Quando torna nel parcheggio non trova più la macchina ma trova un cartello con scritto:

"non ti preoccupare, la radio ce la mettiamo noi!!!"

Due carabinieri vanno a caccia. Vanno nel bosco ma dopo un pò a uno dei due viene un infarto! L'altro impaurito lo guarda ed esclama: "Oddio è morto!". Dopodichè tira fuori il cellulare e chiama l'ambulanza. Quando l'operatore risponde, il cacciatore comincia a dire che il suo amico è morto. L'operatore risponde: "Ok ora si calmi e si assicuri che il suo amico sia realmente morto." Il carabiniere risponde Ok, e dopo un breve silenzio si sente uno sparo.

Il carabiniere riprende il telefono e dice: "Ok è morto, ora cosa devo fare?"

Un Carabiniere telefona dell'ufficio informazioni dell'aeroporto e chiede quanto tempo impiega il volo Milano-Napoli. La centralinista dice: "Un attimo...".

E il carabiniere risponde: "Grazie e riattacca."

Un carabiniere compra una macchina nuova, ma appena uscito dalla concessionaria viene tamponato. Chiede aiuto a un passante che gli suggerisce di soffiare dal tubo di scarico per far gonfiare le parti ammaccate. Mentre soffia dal tubo passa il capitano che vede il carabiniere e dice

"E poi ci lamentiamo delle barzellette... "Ma almeno chiudi i finestrini altrimenti esce tutta l'aria!"

Un carabiniere passeggia in città con un leone al guinzaglio. Un collega lo vede e gli dice: "Porta immediatamente quel leone allo zoo!"
Ma il giorno dopo il carabiniere vede di nuovo il collega a passeggio con il leone e dice: "Ma ti avevo detto di portarlo allo zoo ieri! E il carabiniere risponde:

"Infatti ieri l'ho portato allo zoo, e oggi lo porto al cinema."

Due carabinieri vengono a sapere che allevare galline fa guadagnare molti soldi. Decidono allora di mettersi in società e creare un allevamento. Un giorno vanno in una fattoria e comprano cento pulcini. Il giorno dopo tornano alla fattoria e ne comprano altri cento, così il giorno dopo ed il giorno dopo ancora. Il quarto giorno il fattore gli chiede: "Ma perchè comprate tutti questi pulcini? E i carabinieri rispondono:

"Perché ci muoiono tutti, non so se sono io che li pianto troppo profondi o è il mio collega che li innaffia troppo."

A due carabinieri regalano due cavalli, ma non sanno come riconoscerli. Il primo propone: Tagliamo la coda a uno dei due cavalli, cosi' possiamo riconoscerli. L'altro accetta la proposta ma entrambi tagliano la coda dei cavalli. Il carabiniere allora dice: "Tagliamo la criniera, cosi possiamo riconoscerli, ma entrambi tagliano la criniera dei cavalli. Il carabiniere allora dice: "Tagliamo la gamba, cosi li riconosciamo l'uno dall'altro! Nel frattempo si avvicina un contadino e chiede cosa stiano facendo. I carabinieri spiegano la situazione e il contadino dice:

"Ma perchè non fate così: uno prende il cavallo marrone e l'altro quello bianco?"

Un bambino chiede al papà: "È vero che le carote fanno bene alla vista?" Il papà:

"Certo! Hai mai visto un coniglio con gli occhiali?".

Qual è il santo che adorano i pulcini?

Padre Pio.

Un rapinatore sale sull'autobus e grida: "Fermi, questa è una rapina!". Un signore si alza e dice:

"Madonna mia, che spavento: pensavo fosse il controllore"

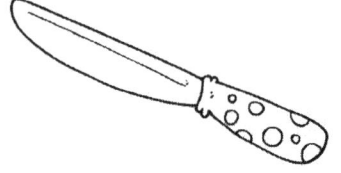

Cosa prova un coltello nei miei confronti di una mortadella?

Affetto!

Mario va a fare la spesa con la mamma e trova per terra una moneta. Chiede alla mamma: "Mamma, posso raccogliere questa moneta da terra?" La mamma risponde "no Mario, non si raccolgono le cose da terra". Mentre tornano a casa la mamma inciampa e cade. Chiede a Mario di aiutarla,

ma lui le risponde: "no mamma, non si raccolgono le cose per terra!"

"Dottore, che cosa posso fare per evitare di prendere un nuovo raffreddore?"

"Si tenga quello che ha già"

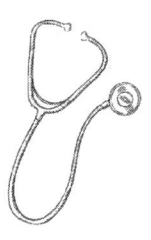

In ospedale il paziente dice al dottore: "Dottore, ma l'operazione di appendicite è pericolosa?". "Macché... Solo a uno su mille succede qualcosa".

"Dottore, a che numero siamo?"

Che ora è quando vedi un ippopotamo seduto su una sedia?

È l'ora di comprarne una nuova!

Un libro dice a un altro: "Ho caldo".

"Per forza, siamo ad agosto e continui a dormire con la copertina!".

Mario dice alla mamma :- Mamma, ti ho comprato il regalo di Natale... un vaso!" La mamma dice: "ma Mario, ce l'ho già un vaso....!"

E Mario risponde: "No invece, te l'ho appena rotto!".

In autostrada un tizio in 500, fermo in corsia d'emergenza, viene affiancato da una Ferrari. Il tizio della Ferrari, gentile, si offre di trainarlo: "Però, se vado troppo veloce mi dia un colpo di clacson, mi raccomando, cosirallento!" Arrivata a uno svincolo la Ferrari viene affiancata da una Porsche, da una Lamborghini e da una Maserati che la sfidano a una gara di velocità. L'autista si dimentica che sta trainando una 500. 100... 200... 300 km all'ora: il tizio sulla 500 suona il clacson all'impazzata ma la Ferrari non accenna a rallentare. Passati tutti quanti davanti a una pattuglia di carabinieri vengono segnalati alla Centrale più vicina. "Appuntato, ma come identifichiamo i pirati della strada?"
"Sono una Ferrari, una Lamborghini, una Porsche, una Maserati e una 500!"
"E che ci fa una 500 a 300 all'ora?"

"Eh maresciallo... si figuri che stava pure suonando il clacson perché le altre non la fanno passare!"

Un bambino chiede alla mamma: "Mamma, hai mai visto un elefante con le unghie dipinte di rosso mimetizzarsi in un campo di fragole?" E la mamma risponde di no.

Allora il bambino le dice: "Beh, vuol dire che si è mimetizzato bene".

Mattia chiede al suo papà: "Papà, papà, dove si trovano i Monti Carpazi?". E il papà gli risponde:

"Chiedi a tua madre, è sempre lei che mette a posto in casa".

Un bambino chiede alla mamma: "Mamma, perché non vuoi comprarmi i coriandoli?".

"Perché l'anno scorso li hai buttati via tutti", risponde lei.

Il bambino dice alla mamma: "Mamma mamma, ma perché mentre mangiamo ti alzi da tavola e vai a prendere le medicine in cucina?"

e la mamma: "perché il dottore mi ha detto lontano dai pasti!"

I padroni sono usciti e in casa c'è solo il cane. A un certo punto suona il telefono e il cane risponde: "Bau!"

- Come scusi? - chiede la persona all'altro capo della linea.
- Bau! Bau!
- Pronto, non la capisco.
- Senta, B come Bologna, A come Ancona, U come Udine...

Mario è in gita in una fattoria e chiede alla contadina: "Buongiorno signora ha delle uova di giornata?

E la contadina risponde: "Certo che sono di giornata. Le galline di notte dormono."

Tre calzolai di una stessa via mettono dei cartelli davanti ai loro negozi per attirare i clienti.

Il primo scrive: "Qui il calzolaio più bravo del mondo!".
Il secondo: "Qui il calzolaio più bravo dell'universo!"
Il terzo, più furbo, scrive: "Qui il calzolaio più bravo... della via!"

- Papà, ci hanno rubato l'automobile.
- Hai visto chi è stato?

- No, ma ho preso il numero di targa.

Cappuccetto rosso entra nella casa della nonna e trova il lupo.
- Ma che orecchie grandi che hai. E che bocca grande hai! E quanti peli hai!
A un certo punto il lupo la interrompe e dice:

- Scusa, ma sei venuta per criticare?

Un gatto ha deciso di mangiarsi un topolino che gli gira intorno da parecchi giorni. Si nasconde dietro una porta e:
"Bau, bau, bau."
Il topolino sentito abbaiare, convinto che dietro la porta ci sia un cane, esce dalla tana senza preoccuparsi. Il gatto lo mangia.

"Ma come hai fatto?" chiede la gatta al marito.
"Cara mia, oggi, se non parli almeno due lingue..."

Una bambina entra nella casa di un'indovina. La bambina bussa e l'indovina chiede "Chi è?"

E la bambina dice "Incominciamo bene"...

Cosa fanno 8 cani al mare?

Un Canotto

Cosa fa un gallo in una chiesa?

Il chicchirichetto.

Il mio gatto ripete esattamente le mie stesse parole.

– Allora è un genio!
– Ma no, ha mangiato il pappagallo!

Due pazzi si incontrano.
- Ciao che mi racconti di bello
- Ieri ho spedito una lettera
- Ah sì? A chi l'hai spedita?
- A me stesso
- E che cosa ti sei scritto?

- Non lo so, non mi è ancora arrivata.

Un bambino racconta ad un amichetto: per invecchiare bene bisogna tenersi in forma. Mia nonna all'età di 45 anni ha cominciato a farsi 5 chilometri a piedi ogni giorno.

Adesso ne ha 97 e non sappiamo dove sia.

Come si chiama il postino più bravo di tutti?

Franco Bollo.

Un automobilista si perde e chiede ad un passante: "Scusi, signore, mi può dire dove mi trovo?".

"Lei si trova dentro la sua macchina!", replica il passante.

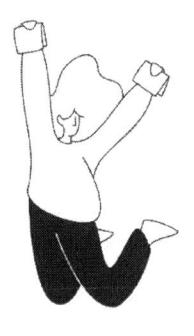

Luigino, perché salti come un matto dopo aver bevuto lo sciroppo per la tosse?

"Perché mi sono dimenticato di agitarlo prima!"

Qual pianta puzza di più?

La pianta dei piedi.

Un ladro entra in una villa... e ruba tutti i gioielli; quando sta per scappare sente una vocina che dice:

"Signore mi scusi... può portare via anche la mia pagella?"

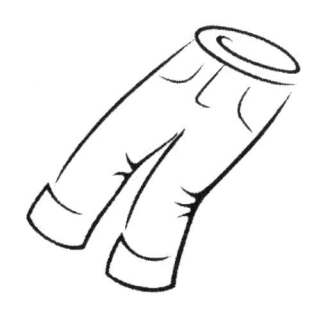

Un tagliaglegna va in un negozio di abbigliamento e chiede alla commessa: "Vorrei un paio di jeans."

E la signorina domanda: "Che taglia?"
"La legna!!!"

Mario: "Mamma ti diverti a lavare i vetri?"
"No, Mario, è molto faticoso!"

"Allora sorridi: ne ho appena rotto uno!"

Mario chiede alla mamma:"E' vero che se un pittore si fa un ritratto, si dice autoritratto?" La mamma risponde di si. E allora Mario chiede:

"Allora, se è un falegname si fa un mobile, si fa un'automobile?"

Un uomo grassoccio sale su una bilancia della farmacia e introduce la moneta.

La bilancia allora:
"Prego, salire uno alla volta!"

"Vorrei tanto sapere come fa un bambino ad uscire dalla pancia della mamma!" Dice un bambino ad un amico.

"Io invece - risponde l'altro - vorrei tanto sapere come fa ad entrare!.."

Una formica e un millepiedi vengono invitati da uno scarabeo per il tè. La formica giunge puntuale mentre il millepiedi arriva con un ritardo di un'ora.

- Cosa ti è successo?
- Fuori dalla porta c'è un cartello con scritto: "Per favore pulirsi i piedi..."

Un serpente va dalla mamma e le chiede preoccupato: "Mamma, , ma noi siamo serpenti velenosi?" Lei gli risponde: "no"
Lui:

"Meno male, mi ero morso la lingua!"

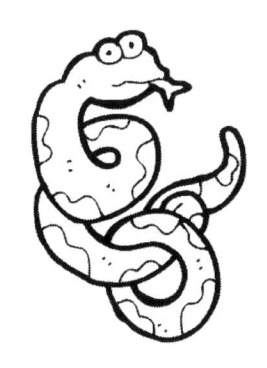

Qual città preferiscono i ragni?

Mosca

Cliente al portiere d'albergo
"Vorrei un letto molto robusto"
"Sarà accontentato...però non mi sembra che lei sia molto grosso"

"Lo so, ma ho il sonno molto pesante..."

Gianni dice a Mario:" Vorrei tanto poter vedere la mia espressione quando dormo." E Mario risponde:

"Scusa, e allora perché non dormi con uno specchio davanti?"

Al manicomio ci sono tre matti. Un gruppo di psicologi, per studiare le loro reazioni, assegnano un coniglio ad ogni matto. I matti sono rinchiusi in tre stanze separate. Gli psicologi vanno dal primo e vedono che ha afferrato il coniglio per le orecchie e fa:" Vrrrrrrrrrrrrrrrr!!!" con la bocca. "Ma cosa stai facendo con il coniglio?" gli chiedono. E il matto, stupito: "Quale coniglio, io sto guidando il mio scooter!"

Gli psicologi, accigliati, vanno dal secondo matto che sta facendo la stessa cosa del primo. Gli chiedono: "Ma cosa stai facendo con il coniglio?" Il secondo matto, sbalordito chiede: "Quale coniglio? Io sono sul mio scooter!"

Gli psicologi, seccati, vanno dal terzo matto e vedono che sta accarezzando il coniglio e gli dicono: "Molto bravo! Almeno tu non stai andando 'in moto' come gli altri!"

Il matto esclama: "Ma come? Sono già partiti? Vrrrrrrrrrrrrrrrrrrrrrrrrrrrrrrr!!!"

Quando piange un pero?

Quando è disperato.

Cosa hanno in comune la televisione e la formica?

Le antenne.

Un signore vede dalla parte opposta della strada un tizio che gli sembra un suo vecchio amico. Attraversa e gli dice:
"Mario, mio vecchio amico, come sei cambiato!"
"Ma... veramente..."
"Prima eri alto, ora sei basso; prima eri grasso, ora sei magro..."
"Ma io mi chiamo Giovanni!"

"E hai pure cambiato nome!"

Carla sta per entrare al cinema, ma ad un certo momento inizia a piangere. "Piccola mia, perché piangi? Che cosa ti è successo?" E Carla risponde:

"Quel signore all'ingresso mi ha strappato il biglietto!"

Una donna ha appena partorito e dice: "Che bella bambina, la chiamerò Rosa". Il medico allora le risponde:

"Ehm, signora Culetto è proprio sicura di questo?"

Una mela cade dall'albero. Altre due mele rimaste sul ramo, iniziano a ridere. Allora quella caduta, gli dice:

"Cosa avete da ridere? Siete proprio immature"

"Pronto, centralino?"

"Pronto, centralino?" "Lino c'entra, ma dobbiamo stringerci un po'!"

Quale ballo preferiscono i gorilla?

L'orango-tango.

Che cos'è una zebra?

Un cavallo fuggito dalla prigione!

Perché il pomodoro non può dormire?

Perché l'insalata russa!

Perché non devi mettere un pesce rosso nell'acqua gassata?

Perché si gasa e crede di essere un pescecane!

Cosa dice una pulce dice all'altra uscite del ristorante?:

Torniamo a piedi o prendiamo un cane?

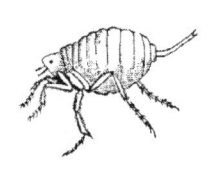

Qual è l'albero che ha sempre bisogno di un fazzoletto?

Il salice piangente.

Dove fanno il bagno i canguri?

Nel Mar-supio

Cosa fa una mosca sopra lo zucchero?

La settimana bianca

Quale è il gioco preferito del veterinaio?

Il gioco dell'oca

COLMI

- Qual è il colmo per un palloncino?

                          Darsi un sacco di arie.

- Qual è il colmo per un riccio?

                          Avere una spina nel fianco.

- Qual è il colmo per un giocatore di basket?

                          Non essere all'altezza

- Qual è il colmo per un insegnante di italiano?

                          Rimanere senza parole.

- Qual è il colmo per una papera?

                          Avere la pelle d'oca.

- Qual è il colmo per un cuoco brutto?

                          Far piangere le cipolle.

- Qual è il colmo per Babbo Natale?

                          Avere un figlio di nome Pasquale
                          conciato per le feste.

- Qual è il colmo per un prete?

                                 Mandare qualcuno a farsi benedire

- Qual è il colmo per un pettine?

                                 Battere i denti.

- Qual è il colmo per un muro?

                                 Rimanere di stucco!

- Qual è il colmo per uno scienziato che non sa nuotare?

                                 Avere un mare di idee.

- Qual è il colmo per un muratore?

                                 Avere paura del cemento armato.

- Qual è il colmo per un'ape?

                                 Fare la luna di miele.

- Qual è il colmo per una coccinella?

                                 Avere tanti punti neri

- Qual è il colmo per un maestro di musica?

                              Mettere una nota!

- Qual è il colmo per un giardiniere?

                              Rimanere al verde.

- Qual è il colmo per un pesce?

                              Perdersi in un bicchiere d'acqua.

- Qual è il colmo per una sveglia?

                              Avere le ore contate.

- Qual è il colmo per un elefante?

                              Avere gli orecchioni!

- Qual è il colmo per un gatto?

                              Vivere in una topaia.

- Qual è il colmo per un gigante?

                              Non essere all'altezza della situazione.

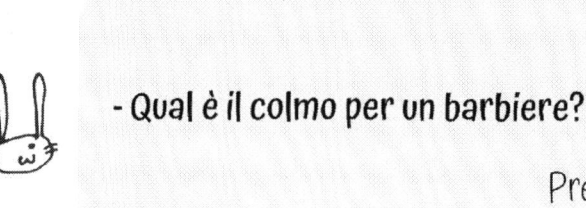

- Qual è il colmo per un barbiere?

Prendere il bus per un pelo.

- Qual è il colmo per un vegetariano?

Mangiare la foglia.

- Qual è il colmo per una regina nana?

Essere chiamata "Altezza".

- Qual è il colmo per una pera?

Avere una cotta per una mela.

- Qual è il colmo per due vampiri?

Sfidarsi all'ultimo sangue.

Qual è il colmo per due musicisti che litigano?

Non riuscire a trovare un accordo.

- Qual è il colmo per un sindaco?

Essere una persona fuori dal comune!

- Qual è il colmo per un asino?

>vere una febbre da cavallo.

- Qual è il colmo per un apicoltore?

>Sollevare un vespaio.

- Qual è il colmo per un gondoliere che guarda la tv?

>Cercare il canale giusto!

- Qual è il colmo per un ortolano?

>Essere incavolato.

- Qual è il colmo per 2 scheletri?

>Essere amici per la pelle.

- Qual è il colmo per un pesce palla?

>Finire in rete.

- Qual è il colmo per uno squalo?

>Essere squalificato.

- Qual è il colmo per una lumaca?

                    Non ritrovare la strada di casa.

- Qual è il colmo per una patata?

                    Esser mandata a farsi friggere.

- Qual è il colmo per un cane?

                    Avere una bella gatta da pelare.

- Qual è il colmo per un cuoco?

                    Essersi stufato di cucinare.

- Qual è il colmo per un pirata?

                    Avere un figlio che è un tesoro.

- Qual è il colmo per un gallo?

                    Fare la figura del pollo!

- Qual è il colmo per un canguro?

                    Dimenticare il marsupio a casa.

- Qual è il colmo per un sarto?

> Perdere il filo del discorso!

- Qual è il colmo per un alieno?

> Abitare al piano terra.

- Qual è il colmo per un pugile all'aeroporto?

> Prendere un aereo diretto.

- Qual è il colmo per un postino?

> Avere la figlia raccomandata.

- Qual è il colmo per una forchetta?

> Avere il coltello dalla parte del manico.

- Qual è il colmo per una cicala?

> Non avere grilli per la testa.

- Qual è il colmo per uno gnomo?

> Fare passi da gigante.

- Qual è il colmo per un uovo?

>Lavorare sodo.

- Qual è il colmo per una lumaca?

>Avere paura di salire su una scala a chiocciola.

- Qual è il colmo per un dentista?

>Mangiare la pasta al dente.

- Qual è il colmo per un paracadutista?

>Cadere dalle nuvole.

- Qual è il colmo per un contadino?

>Darsi la zappa sui piedi.

- Qual è il colmo per una camicia?

>Avere una brutta piega.

- Qual è il colmo per un maestro di matematica?

>Avere la figlia che gli crea problemi.

- Qual è il colmo per un dottore?

> Essere una persona paziente.

- Qual è il colmo per il fruttivendolo?

> Avere la testa bacata.

- Qual è il colmo per un oculista?

> Finire in un vicolo cieco.

- Qual è il colmo per un deserto?

> Fare un buco nell'acqua.

- Qual è il colmo per un miliardario?

> Esprimersi in parole povere.

- Qual è il colmo per un cieco?

> Essere di larghe vedute.

- Qual è il colmo per un pizzaiolo?

> Avere una figlia di nome Margherita che fa la capricciosa ogni quattro stagioni.

- Qual è il colmo per un fabbro?

>Avere una memoria di ferro.

- Qual è il colmo per una persona in prigione?

>Passare l'estate al fresco.

- Qual è il colmo per un pesce?

>Avere l'acqua alla gola.

- Qual è il colmo per un marinaio?

>Navigare con il morale a terra.

- Qual è il colmo per un assassino?

>Non sapere come ammazzare il tempo.

- Qual è il colmo per una rana?

>Mandare giù il rospo.

- Qual è il colmo per un sollevatore pesi?

>Prendere le cose alla leggera.

- Qual è il colmo per un cardiologo?

>Essere senza cuore.

- Qual è il colmo per un sordo?

>Non sentire ragioni.

- Qual è il colmo per un eschimese?

>Prendere le decisioni a caldo.

- Qual è il colmo per un viaggiatore?

>Farsi le vacanze di Natale all'isola di Pasqua.

- Qual è il colmo per un astronauta?

>Avere una moglie che non gli da spazio.

- Qual è il colmo per un sindaco?

>Essere fuori dal comune.

- Qual è il colmo per un pilota?

>Non capire mai niente al volo.

Qual è il colmo per un cane?

>Litigare con un altro cane che è un osso duro.

- Qual è il colmo per un pompiere?

>Sposarsi con una vecchia fiamma.

- Qual è il colmo per un elettricista?

>Non sopportare le prese in giro.

- Qual è il colmo per Cappuccetto Rosso?

>Sentirsi dire "in bocca al lupo".

- Qual è il colmo per un toro?

>Farsi la bua.

- Qual è il colmo per un computer?

>Non avere programmi per il weekend.

- Qual è il colmo per una disoccupata?

>Chiamarsi Assunta.

- Qual è il colmo per un pescatore?

> Non sapere più che pesci prendere.

- Qual è il colmo per un dermatologo?

> Avere un amico per la pelle.

- Qual è il colmo per un orologiaio?

> Passare un brutto quarto d'ora.

- Qual è il colmo per una giraffa?

> Essere nei guai fino al collo

INDOVINELLI

Parlo ma non ho nessuna lingua, ti abbraccio ma non mi puoi afferrare, corro così veloce che quando passo non mi vedi. Chi Sono?

La mia vita è appesa ad un filo. Chi sono?

Cosa pesa di più, un chilo di patate o un chilo di pietre?

Entra bene quando le giri la testa. Chi sono?

Se mi stai sopra, sono ferma ma se ti allontani mi vedi ruotare. Chi sono?

Quando cado le persone corrono ma le piante mi amano. Chi sono?

Ho il cavallo ma nonho un cavaliere. Chi sono?

Chi nasce con me è fortunato. Chi sono?

Contengo molto zucchero, ma non sono dolce. Chi sono?

Chi è il fratello di mia sorella che non è mio fratello?

Mi mangiate quando sono rotto, sia se sono crudo sia se sono cotto. Chi sono?

Scendo dalla mave, mi tuffo in mare ma vado a fondo perché non so nuotare. Chi sono?

Tutti nascono senza di me. Quando mi ricevono mi portano per tutta la vita. Chi sono?

Ho i raggi, ma non sono il sole. Chi sono?

Non do prurito, ma tutti mi grattano. Chi sono?

Ho il collo, ma non la testa. Chi sono?

Più sono grande e meno si vede. Chi sono?

Canto quando tutti dormono. Chi sono?

Che cosa c'è due volte a giugno, una volta ad gennaio, ma mai a settembre?

Ho la testa fuori e il corpo dentro. Chi sono?

Quando c'è il sole resto a casa, quando piove esco. Chi sono?

Sto dritto su un solo piede, la mia testa è marrone e il mio corpo è bianco. Chi sono?

Mi faccio vedere con il sole dopo il temporale. Ho molti colori e porto fortuna. Chi sono?

Ti seguo sempre con la luce ma non puoi afferrarmi. Chi sono?

Sono lungo, corto o largo, ho 2 buchi e sono al centro di una piazza. Chi sono?

All'inizio ho 4 gambe, cresco e ne ho 2, invecchio e ne ho 3. Chi sono?

Ho altre 4 sorelle nate lo stesso momento. Io sono la più larga. Le altre sono più alte e più magre. Chi sono?

Quando sono nera sono pulita. Quando sono bianca sono sporca. Chi sono?

Ho un letto ma non ci dormo. Chi sono?

Un gallo fa un uomo in cima a un monte. Dove cade l'uovo?

Quando piove non mi bagno. Chi sono?

Il sacco di babbo Natale può contenere 10 regali. Quanti regali può metterci affinchè non sia più vuoto?

Ho tante lettere, quanto il mio numero. Chi sono?

Ci sono 10 conigli. Un cacciatore spara a uno di loro. Quanti conigli rimangono?

Mio fratello mi sorpassa sempre a destra. Chi sono?

Se vai avanti mi accorcio, se guardi dietro mi allungo. Chi sono?

Elena ha 5 sorelle, di nome Elisa, Agata, Anna e Antonella. Qul è il nome della quinta sorella?

Ci sono 4 pesci in mare. 2 annegano. Quanti pesci restano?

Ho un vestito verde, ma quando viene l'inverno mi devo spogliare. Chi sono?

Arriviamo di notte senza essere chiamate, andiamo via di giorno senza essere cacciate. Chi siamo?

In quel contenitore con acqua bollente, entrano lunghi e dritti, ed escono mosci a forma di serpente. Chi siamo?

Con gli occhi aperti non può arrivare, ma se gli occhi sono chiusi, allora lui arriva. Chi sono?

Posso essere bello o brutto, ma non puoi mostrarmi a nessuno. Chi sono?

Sono rotondo, corro e salto ovunque, ma non ho gambe. Chi sono?

Ho una corona ma non sono un re. Canto ma non sono un cantante. Chi sono?

Possiedo tutte e 26 le lettere, ma ho soltanto 4 sillabe. Chi sono?

Mi rispondi anche se non ti ho chiesto nulla. Chi sono?

Silvia mangia la bistecca ma non il parmigiano; mangia il pesce ma non lo tonno, le zucchine ma non i finocchi, le mele ma non il cocomero, la panna ma non i biscotti. Cosa dovresti dare a Silvia? Un panino o le patatine fritte?

Luca cade da una scala con 100 gradini, ma si rialza senza un graffio. Perchè?

Sei in stanza senza luce e in tasca hai un accendino. Nella stanza ci sono: una candela, una lampada a olio e il camino. Chi accendi per primo?

Puoi tenermi con la mano sinistra ma non con la mano destra. Chi sono?

Laura vive in una casa di un piano nel bosco. La casa è costruita interamente di legno nero di quercia, colorata di nero. Di che colore sono le scale della casetta?

Quando avevo 8 anni, mio fratello aveva la metà dei miei anni. Quanti ne ha ora che io ne ho 36?

In un negozio un ragno costa 28 euro, una gallina costa 7 euro e una formica costa 21 euro. Quanto costa il gatto?

Quattro gatti riescono a catturare quattro topi in quattro minuti. Quanto ci mette un gatto a catturare un solo topo?

Sei l'autista di un autobus. Alla prima fermata salgono tre ragazzi e ne scendono due; alla seconda fermata salgono quattro persone e ne scendono tre. Alla terza fermata salgono cinque persone e ne scendono quattro. Di che colore sono gli occhi dell'autista dell'autobus?

Passo attraverso un vetro senza romperlo. Chi sono?

Siamo tre giorni consecutivi ma non siamo le parole: Lunedì, Martedì, Mercoledì, Giovedì, Venerdì, Sabato e Domenica. Chi siamo?

Alice si sveglia nel cuore della notte e non può accendere la luce. Ha fame e vuole mangiare due panini, di due gusti diversi. Sul vassoio ci sono 20 panini: 10 al prosciutto e 10 al salame. Quanti panini dovrà prendere per essere sicura di assaggiare entrambi i gusti, considerando che non può accendere la luce?

Sono un animale e mi trovo contemporaneamente la-qui- la. Chi sono?

Son piccola e lenta, e dormo dentro la mia conchiglia. Mangio lattuga e cammino senza fretta. Chi sono?

SOLUZIONI

1. Il vento
2. Il ragno
3. Pesano ugualmente 1 chilo.
4. Una vite
5. La terra
6. La pioggia
7. Un pantalone
8. Una camicia
9. Una zuccheriera
10. Sono io
11. Un uovo
12. Un ancora
13. Il nome
14. Una ruota
15. Il parmigiano.
16. Una bottiglia
17. Il buio
18. Un gallo
19. La lettera G
20. Un chiodo
21. Un ombrello
22. Un fungo porcino
23. L'arcobaleno
24. L'ombra
25. Il Naso
26. L'uomo
27. Il pollice
28. La lavagna
29. Il fiume
30. Il gallo non fa uova
31. Un pesce
32. 1, dopo non è più vuoto
33. Il numero 3
34. Zero, gli altri scappano.
35. Il Piede sinistro.
36. La strada
37. Elena
38. 10.Sempre 4. I pesci non annegano.
39. Un albero.
40. Le stelle.

SOLUZIONI

41. Gli spaghetti
42. Il sonno
43. Un sogno
44. Una palla
45. Il gallo
46. L'alfabeto
47. Il telefono.
48. Le patatine fritte perché non hanno la lettera O.
49. E' caduto dal primo gradino.
50. L'accendino
51. Il gomito destro
52. La casa non ha scale, perché è di un piano.
53. 32
54. Il costo dipende dal numero delle zampe. Ogni zampa costa 3,5 euro. Quindi il costo è 14 euro.
55. Sempre 4 minuti.
56. Del colore dei tuoi occhi. Sei tu l'autista.
57. La luce
58. Ieri oggi e domani
59. 11
60. L'Aquila
61. La lumaca

Printed by Amazon Italia Logistica S.r.l.
Torrazza Piemonte (TO), Italy